MEIN ERSTES RAVENSBURGER

LEXIKON

VON A–Z

MEIN ERSTES RAVENSBURGER LEXIKON VON A–Z

Ravensburger

A

der Abend

Wenn die Sonne untergeht, wird es Abend. Viele Menschen sind nun zu Hause und erzählen sich, was sie tagsüber erlebt haben. Heute liest mir Papa eine Geschichte vor.

das Abenteuer

Abenteuer erlebt man, wenn man etwas Ungewöhnliches unternimmt – wie die Piraten: Sie fahren aufs Meer und wissen nicht, was passieren wird!

der Adventskranz

Ein Adventskranz hat vier Kerzen und ist immer rund. Im Advent zünden wir jeden Sonntag eine neue Kerze an. Damit zeigen wir, dass wir uns auf Weihnachten freuen.

der Affe

Affen sind sehr beweglich. Sie können sogar mit den Füßen greifen. Es gibt große Affen wie den Orang-Utan hier im Bild und ganz kleine, die auf eine Hand passen.

das Alphabet

Viele sagen zum Alphabet einfach ABC. Mit den 26 Buchstaben des Alphabets kann man alle Wörter bilden, die wir brauchen. Welche Buchstaben kommen in deinem Namen vor?

die Ampel

Mit Ampeln wird der Verkehr geregelt. Für die Busfahrerin leuchtet die Ampel rot. Sie muss warten. Die Kinder dürfen erst über die Straße, wenn die Fußgängerampel grün ist.

die Angst

Angst ist ein Gefühl, das plötzlich kommt. Es gibt die Angst vor der Dunkelheit, die vor dem Alleinsein oder vor Ungeheuern. Oft geht sie weg, wenn jemand bei dir ist.

der Astronaut

Menschen, die mit Raumschiffen ins Weltall reisen, nennt man Astronauten. Sie beobachten andere Planeten, leben auf der Raumstation ISS und machen Versuche in der Schwerelosigkeit. Im Weltall schwebt man nämlich leicht wie eine Feder!

das Auto

Viele Autos werden für Fahrten zur Arbeit oder zum Einkaufen genutzt. Doch dazu muss das Auto betankt werden. Nur wer einen Führerschein hat, darf damit fahren.

der Bär

Bären sind große Raubtiere, die sich aber vorwiegend von Pflanzen ernähren. Der Braunbär verschläft den Winter in einer Höhle.

der Bagger

Der Bagger gräbt mit seiner Schaufel tiefe Löcher auf der Baustelle. Die Ketten geben ihm Halt, wenn der Boden matschig ist.

der Ball

Ball spielen macht Spaß! Es gibt große Bälle, auf denen man turnen kann, ganz kleine Gummibälle, die sehr hoch hüpfen, Tennisbälle, Fußbälle … Kennst du noch mehr?

die Batterie

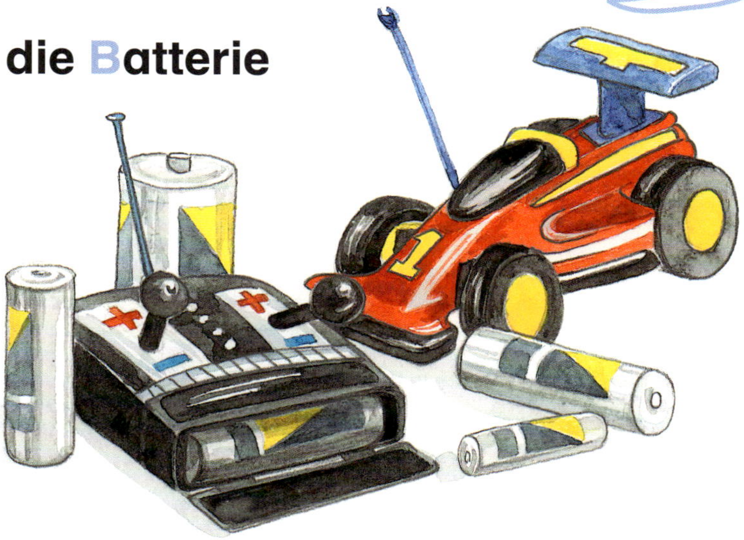

Für ein Gerät mit Batterien brauchst du keine Steckdose! In Batterien ist Energie gespeichert. Man kann eine Batterie in die Fernbedienung legen und dann ein Fernlenkauto fahren lassen.

der Bauernhof

Auf dem Bauernhof gibt es für die ganze Familie viel zu tun. Im Stall sind die Tiere und in der Scheune ist das Heu. Das andere Futter für die Tiere wird in einem hohen Silo aufbewahrt.

B

der Baum

Schau nur, wie der Baum sich verändert:
Im Frühling hat er Knospen und Blüten.
Im Sommer ist alles voller Blätter. Im Herbst
leuchtet er bunt. Im Winter ist er ganz kahl.

der Berg

Die Alpen sind ein Gebirge, das aus mehreren Bergen besteht. Hoch oben liegt oft noch Schnee, wenn im Tal alles längst grünt. Auf kleinere Berge kann man prima wandern.

das Baumhaus

In den breiten, ausladenden Ästen des Baumes haben sich Paul und Eva ein Baumhaus gebaut. Um hineinzukommen, muss man die Leiter hinaufklettern. Oh, wie ist es dort gemütlich!

der Beruf

Mit seinem Beruf verdient man sich das Geld, das man zum Leben braucht. Es gibt Ärztinnen, Polizisten, Pilotinnen, Maurer, Feuerwehrfrauen, Bäcker, Köchinnen und noch viele andere tolle Berufe

die Biene

Bienen sorgen dafür, dass Pflanzen wachsen, und liefern uns den köstlichen Honig. Sie haben einen giftigen Stachel. Damit können sie stechen – aber nur wenn sie bedroht werden!

das Bild

Jeder kann ein Bild malen. Du brauchst nur Papier und Farbstifte. Damit kannst du alles malen, was dir einfällt: eine Blumenwiese, den Lieblingsspielplatz, ein Tier mit vier Köpfen …

die Blume

Blumen sind Pflanzen mit besonders schönen Blüten. Rosen schützen sich mit Dornen, Sonnenblumen haben ganz lange Stängel und Vergissmeinnicht duften ganz zart. Welche Blumen magst du?

der Brief

Sophie hat im Urlaub viel erlebt. Das hat sie Tante Elke in einem Brief geschrieben. Jetzt steckt sie den Brief in einen Umschlag mit Briefmarke und wirft ihn in den Briefkasten.

die Burg

Eine Burg war eine Festung, in die niemand so leicht hineinkonnte. Rund um die Burg waren ein Graben sowie hohe Mauern mit Wachtürmen und Schießscharten.

der Campingplatz

Im Sommer machen viele Familien Urlaub auf dem Campingplatz. Sie schlafen in Zelten oder im Wohnwagen und kochen ihr Essen auf Gaskochern. Klos und Duschen gibt es in Waschhäusern.

das Chamäleon

Chamäleons sind Echsen, die in Bäumen leben. Sie fressen Insekten, die sie mit ihrer langen, klebrigen Zunge fangen. Wenn sie hungrig oder ängstlich sind, ändern sie ihre Farbe.

der Clown

In jedem Zirkus gibt es Clowns. Das sind Spaßmacher, die andere zum Lachen bringen.
Ihre Gesichter sind lustig bemalt und oft haben sie viel zu große Kleider und Schuhe an.

der Computer

Viele Menschen arbeiten an Computern. Mit diesen Rechnern kann man schreiben und schwierige Aufgaben lösen. Außerdem gibt es Computer- und Lernspiele.

der Cowboy

In Amerika gibt es Weideflächen mit riesigen Kuhherden. Die Cowboys passen auf die Kühe auf. Sie können sehr gut reiten und mit dem Lasso ausgerissene Tiere wieder einfangen.

D

die Decke

Abends schlüpfe ich unter meine Bettdecke. Da ist es warm und gemütlich. Mit Spieldecken baue ich mir Höhlen. Es gibt auch noch die Decke in unserem Zimmer. Dort hängt die Lampe.

der Delfin

Delfine sind wie die Wale Säugetiere. Sie sind sehr klug und können sich mit Pfeiftönen verständigen. Auf ihrer Jagd nach Fischen schwimmen sie durch fast alle Meere.

der Dinosaurier

Bis vor 65 Millionen Jahren lebten Dinosaurier. Es gab friedliche Pflanzenfresser wie den großen Elasmosaurus und gefährliche Fleischfresser wie den Tyrannosaurus.

der Detektiv

der Dieb

Immer auf der Jagd nach Verbrechern verfolgen Detektive jede Spur. Sie sind sehr vorsichtig, wenn sie jemanden beschatten oder beschützen. Detektive helfen oft der Polizei.

Diebe stehlen, was anderen Leuten gehört. Das ist nicht in Ordnung. Die Polizei sperrt Diebe ins Gefängnis ein. Dort sollen die Diebe lernen, wie man ein Leben ohne Diebstahl führt.

die Dose

Die meisten Dosen sind rund und aus Blech.
Man kann darin etwas aufbewahren.
Im Supermarkt gibt es Essen in Dosen.
Wenn sie leer sind, kann man auf sie werfen!

der Drachen

Heute ist guter Wind zum Drachensteigenlassen! Mein Drachen hat einen bunten, langen Schwanz. Ich lasse ihn ganz weit an meiner Schnur in den Himmel hinauf.
Dort tanzt er wie ein wildes Tier.

das Dreirad

Manchmal begleite ich meine Mama mit dem Dreirad zum Einkaufen. Damit bin ich viel schneller als zu Fuß. Wenn ich jemanden überholen will, läute ich mit meiner Klingel.

der Dschungel

Vom Flugzeug sieht der Dschungel wie ein grünes, geheimnisvolles Meer ohne Wege aus. Dort ist es immer warm und schwül. Im dichten Urwald leben viele Tiere: Schlangen, Raubkatzen, Affen, Vögel …

die Dunkelheit

Nachts ist es in meinem Zimmer ganz dunkel. Meine Mama lässt deshalb im Flur das Licht brennen. Dann sehe ich einen kleinen Lichtschimmer und weiß, wo ich bin.

E

das Eichhörnchen

Eichhörnchen klettern gern und vergraben überall Nüsse. Die kleinen Nagetiere haben einen langen buschigen Schwanz. Den benützen sie als Steuer, wenn sie von Ast zu Ast springen. Den Winter verbringen sie größtenteils in ihrem gemütlichen Nest. Nur um Vorräte auszugraben, wagen sie sich in die Kälte.

das Eis

Wenn Wasser ganz kalt wird, gefriert es zu Eis. Das geschieht im Winter auf Seen und Flüssen. Dann ist es glatt und du musst aufpassen, dass du nicht ausrutschst und hinfällst. Und dann gibt es natürlich noch Speiseeis: Ich mag am liebsten Nusseis – und du?

die Eisenbahn

Ganz unterschiedliche Züge halten am Bahnhof. Der ICE ist für lange Reisen gedacht, die Regionalbahn für kurze Strecken. Güterzüge transportieren Rohstoffe und Waren. Fußgänger und Autofahrer müssen an der Schranke warten, bis der Zug vorüber ist.

der Elefant

Wusstest du, dass der lange Rüssel des Elefanten seine Nase ist? Damit greift und tastet das größte aller Landsäugetiere wie mit einer Hand.

die Ente

Heute sind wir beim Entenfüttern im Park. Ein bunter Erpel und sein braunes Weibchen schwimmen mit ihren Küken über den See. Enten können nicht besonders gut laufen. Sie watscheln vielmehr daher.

die Enttäuschung

Anna und Lena sind in den Garten gelaufen, um als Erste auf der Schaukel zu sein. Aber Felix war schneller. Die Schaukel ist besetzt. Jetzt müssen sie warten – was für eine Enttäuschung!

die Ernte

Wenn im Garten Obst und Gemüse reif sind, werden sie geerntet. Im Sommer mäht der Bauer sein reifes Korn und erntet Kartoffeln und Rüben. Im Oktober feiern wir das Erntedankfest.

der Esel

Esel haben ein struppiges graues Fell, eine samtweiche Schnauze und lange Ohren. Sie sind sehr klug – und manchmal auch ein wenig störrisch. Sie gehorchen nur, wenn sie es wollen.

der Eskimo

Eskimos nennen sich selbst Inuit: Das bedeutet Menschen. Weil es in ihrer Heimat am Nordpol so kalt ist, tragen sie immer warme Fellkleidung. Auf der Jagd schlafen sie in Schnee-Iglus.

die Eule

Im Dunkeln gehen Eulen auf Mäusejagd. Diese großen Vögel können sehr gut sehen. Ihre Augen bewegen sich nicht. Trotzdem sehen sie alles, weil sie ihren Kopf fast im Kreis drehen können.

die Fabrik

In einer Fabrik werden in großer Stückzahl Dinge wie zum Beispiel Autos oder Spielzeug hergestellt. Dafür braucht man Arbeitskräfte, Maschinen und Rohstoffe.

das Fahrrad

Kürzlich habe ich ein Fahrrad bekommen. Ich kann schon ohne Stützräder fahren und kenne inzwischen ganz viele Verkehrszeichen. Mein Fahrradhelm ist rot. Ich habe ihn immer auf, wenn ich Fahrrad fahre.

die Familie

Unsere Familie besteht aus Mama und Papa, meiner Schwester und mir, Onkeln und Tanten und Omas und Opas. Es gibt aber auch Familien, die haben zwei Väter oder Mütter oder nur einen Erwachsenen. Meine Kusinen und Vettern sind so alt wie ich.

die Fantasie

Fantasie ist, wenn man sich Sachen ausdenkt, die nicht sein können. Im Winter überlege ich mir, wie es jetzt wohl im Freibad wäre. Jetzt träume ich vom Fußballspielen.

die Farbe

Die Welt ist voller Farben. Jeder hat eine Farbe, die er gerne mag. Mischt man die Farben Blau und Gelb in den richtigen Mengen zusammen, entsteht Grün, Rot und Gelb ergeben Orange.

der Fasching

An Fasching kann man sich verkleiden und schminken. Dann ist man jemand ganz anderer als sonst: eine Hexe, ein Pirat, ein Indianer, ein Zwerg, ein Vampir oder eine Katze.

die Feuerwehr

Hilfe! Das Haus brennt! Da kommt ja schon die Feuerwehr. Die Fahrzeuge sind knallrot, damit man sie gut sieht. Die Feuerwehr rettet Menschen aus den Flammen und löscht den Brand.

das Flugzeug

Ein Flugzeug sieht aus wie ein Vogel aus Metall. Im Cockpit sitzt der Pilot und im Rumpf sind die Passagiere. Es gibt Passagier- und Transportflugzeuge, Düsenjäger und Hubschrauber.

die Form

Bauklötze haben unterschiedliche Formen.
Sie sind rund oder eckig. Ich kann schon
Dreiecke, Vierecke und Kreise malen.
Viele Formen sind schwer zu beschreiben.
Welche Form hat dein Gesicht?

das Foto

Zum Geburtstag hat Tinka einen Fotoapparat
bekommen. Jetzt fotografiert sie alles, was sie
vor die Linse bekommt. Sie hat schon viele
Schnappschüsse gemacht. Auf den Fotos sieht
man, was sie alles erlebt und gesehen hat.

die Freude

Hurra! Morgen machen wir einen Ausflug!
Meine Sachen habe ich schon alle gepackt.
Ich bin so aufgeregt, dass ich an nichts anderes
denken kann. Meine Freude ist so groß, dass
ich heute Nacht bestimmt nicht schlafen kann.

G

der Geburtstag

Laura hat Geburtstag. Auf dem Tisch steht ein Kuchen mit fünf brennenden Kerzen. Lauras liebstes Geburtstagsgeschenk ist ihr neuer Roller. Heute Nachmittag kommen ihre Freunde. Sie wollen feiern, essen und viel spielen.

der Geldautomat

An einem Geldautomaten bekommt man Geld, auch wenn die Bank geschlossen hat. Zuerst muss man die Bankkarte in einen Schlitz stecken und eine Geheimnummer tippen, dann gibt einem der Automat das Geld.

das Gemüse

Unter Gemüse versteht man essbare Pflanzen. Es kann roh oder gekocht gegessen werden und ist wegen seiner Vitamine sehr gesund.

das Geheimnis

Auf dem Speicher steht eine Truhe. Da sind Sachen drin, von denen nur ich weiß.
Ich erzähle niemandem davon, weil das mein Geheimnis ist. Sarah und ich haben auch ein Geheimnis. Ich verrate aber nicht, was für eines.

das Gespenst

Gespenster leben nur in Geschichten. Dort wohnen sie oft in Schlössern und schlafen tagsüber in Truhen. Nachts spuken sie, gehen durch Wände und machen sich unsichtbar.

das Getreide

Auf den Feldern der Bauern wächst Getreide. Das sind Gräser mit Körnerfrüchten. Wenn man die Körner in einer Mühle mahlt, bekommt man das Mehl, um leckeres Brot zu backen.
Hier abgebildet sind: Weizen, Hafer, Roggen, Gerste und Hirse.

G

das Gewitter

Das war ein harter Donnerschlag! Er kam direkt mit dem hell leuchtenden Blitz. Es stürmt und der Regen klatscht gegen die Fenster. Hoffentlich fängt es nicht an zu hageln!

die Giraffe

In den Steppen Afrikas leben Giraffen. Sie sind so groß, dass sie selbst von hohen Bäumen mit ihrer blauen Zunge Blätter rupfen können. Wenn ein Löwe sie anfällt, schlagen sie ihn mit ihren kräftigen Hufen in die Flucht.

das Glück

Leon hat Glück gehabt. Er hat auf dem Jahrmarkt beim Loseziehen den Hauptgewinn gewonnen. Seine Mama sagt: „Hoffentlich haben wir morgen auch so viel Glück mit dem Wetter. Sonst muss unser Gartenfest ausfallen.“

das Haar

Ich mag Haarewaschen nicht. Da bekomme ich immer Schaum in die Augen. Aber jetzt spielen Mama und ich Friseur. Sie kämmt und schneidet meine Haare, und ich schaue in Zeitschriften.

der Hai

Haie gibt es in allen Meeren. Ihr schlanker Körper endet in einem spitzen Kopf. Sie haben ein Maul mit mehreren Reihen scharfer Zähne. Damit fängt der Raubfisch andere Fische.

der Hammer

Mit dem Hammer kann man Nägel in Holz einschlagen. Er ist ein Werkzeug, das man häufig braucht. Auch ein Schmied braucht einen Hammer. Er schlägt damit auf heißes Eisen.

der Hamster

Hamster kann man als Haustiere in einem Käfig halten. Feldhamster leben hingegen frei auf Feldern. Sie haben große Backentaschen, in denen sie bis zu 2000 Körner in ihre Höhlen transportieren können.

das Hochhaus

Ein Hochhaus hat mehrere Stockwerke und viele Fenster. Manchmal ist es so hoch wie ein Berg. Innen gibt es Büroräume und Wohnungen. Dorthin gelangt man mit einem Aufzug.

H

der Heißluftballon

Bei schönem Wetter kannst du öfter einen Heiß-luftballon am Himmel fahren sehen. Der Fahrer im Korb bläst mit einem Brenner heiße Luft in den Ballon. Nur so steigt er in die Luft.

die Hochzeit

Zwei Menschen, die sich lieben, können auf dem Standesamt heiraten. Mann und Frau können noch dazu in der Kirche heiraten, aber auch zwei Männer oder zwei Frauen erhalten dort manchmal einen Segen.

die Höhle

Höhlen liegen oft versteckt und können tief in den Berg hineinführen. Sie entstehen im Laufe vieler Jahrmillionen. Tiere können in ihnen Schutz vor Unwetter oder einen Schlafplatz finden.

der Hund

Amelie hat einen Hund. Er heißt Flecki und kann sehr gut hören. Wenn jemand Fremdes kommt, bellt er ganz laut. Flecki beschützt Amelie. Er ist ihr bester Freund.

der Hut

Der Hut ist eine Kopfbedeckung. Es gibt ihn in allen Formen und Farben. Sonnenhüte haben große Krempen und sind oft aus Stroh. Zauberer tragen hohe Zylinderhüte.

der Igel

Nachts geht der Igel auf Beutejagd. Er frisst Insekten, Schnecken, Mäuse und Schlangen. Bei Gefahr rollt er sich zu einer Stachelkugel zusammen. Den Winter verschläft er im Laubnest.

die Insel

Im Meer gibt es viele Inseln. Sie sind nur von Wasser umgeben. Manche sind so groß wie ein Land. Andere sind klein und unbekannt. Glaubst du, dass dort Piratenschätze versteckt sind?

der Indianer

Wusstest du, dass die Indianer die Ureinwohner von Amerika sind? Dort leben die verschiedenen Stämme in Reservationen. Früher waren sie als kühne Reiter und mutige Krieger bekannt. Mit der Zeichensprache konnten sich alle Indianer verständigen.

das Jahr

Ich mag alle Jahreszeiten: den Frühling, wenn alles zu wachsen und blühen beginnt, den Sommer und die Ferien am Wasser, den Herbst mit den reifen Früchten und bunten Blättern und den Winter mit seinem Schnee. Alle vier Jahreszeiten zusammen sind ein Jahr.

die Jeans

Immer wenn ich draußen spiele, ziehe ich mir meine blaue Jeanshose an. Die geht nicht so leicht kaputt, wenn ich auf Bäume klettere. Ich habe auch eine Jeansjacke. Aber die ist rot.

der Jogger

Meine Eltern joggen, weil sie meinen, dass das gesund ist. Dann ziehen sie ihre Laufschuhe an und rennen durch den Wald. Wenn sie zurück sind, schwitzen sie und fühlen sich richtig wohl.

der Joghurt

Joghurt wird aus Milch hergestellt und ist sehr gesund. Wenn man frisches Obst reinrührt, bekommt man Früchtejoghurt. Mit Kräutern und Salz vermischt schmeckt er lecker zu Kartoffeln.

der Junge

In unserem Kindergarten gibt es mehr Jungen als Mädchen. Wenn sie einmal groß sind, werden sie zu Männern. Wenn sie sich dann nicht rasieren, wachsen ihnen Bärte.

der Jux

Heute haben wir uns einen Jux erlaubt. Wir haben einen Geldbeutel mit einer Schnur auf die Straße gelegt. Als unser Nachbar den Geldbeutel aufheben wollte, haben wir ihn weggezogen.

K

der Käfer

Es gibt viele Arten von Käfern: Maikäfer, Mistkäfer, Kartoffelkäfer … Käfer sind Insekten. Sie haben zwei Paar Flügel. Dieser Marienkäfer frisst Läuse von den Blättern.

das Känguru

Die Känguru-Mama trägt ihr Baby immer in ihrem Beutel herum. Mit den kräftigen Hinterbeinen kann sie sogar über Zäune springen. Alle Kängurus leben in Australien.

das Kasperletheater

Tritratrallalla – heute sind wieder alle im Kasperletheater da. Der Kasper mit seiner Zipfelmütze, die Gretel, das Krokodil, der König, der Teufel und der Zauberer Gruselklotz.

die Kamera

Mit Mamas Kamera kann ich Fotos machen. Ich bitte meine Schwester, meinen Bruder und meine Freundin Yumiko, sich aufzustellen und zu lächeln. Dann schaue ich auf dem Bildschirm, wie das Foto aussehen wird. Gefällt es mir, drücke ich den Auslöser.

die Katze

Minka hat drei kleine Kätzchen. Zufrieden liegen sie in ihrem Korb und schnurren. Katzen sind Haustiere. Sie fangen Mäuse und spielen gerne. Wenn sie ihre Ruhe haben wollen, fauchen sie.

K

der Kindergarten

Sara geht gerne in den Kindergarten. Da sind ihre Freunde und es ist immer was los. Wenn sie keine Lust hat, in der Puppen- oder Bauecke zu spielen, geht sie zu Frau Jäger, der Erzieherin. Die liest ihr dann eine Geschichte vor.

die Kirche

In jeder Stadt und in vielen Dörfern gibt es Kirchen. Die meisten haben einen hohen Turm mit Glocken. Der lange Bau daneben ist das Kirchenschiff. Dort trifft man sich zum Beten.

die Kleidung

Alles, was man am Körper trägt, nennt man Kleidung: die Jacke, das Hemd, die Hose, die Unterwäsche, der Rock, das Kleid, die Strumpfhose, die Socken, die Schuhe und Stiefel, die Bluse, der Pullover, die Mütze, der Hut, der Mantel, der Anorak und die Handschuhe.

der Körper

Schau deinen Körper an. Er besteht aus ganz vielen Teilen, sogar dein Nasenloch gehört dazu. Alles, was du tust, machst du mit deinem Körper: essen, trinken, schlafen, reden, denken, spielen, lachen, weinen, turnen und vieles mehr.

der Kran

Mit einem Kran kann ein Mensch die schwersten Lasten heben. Man braucht ihn zum Beispiel für einen Hausbau. Er ist so hoch, dass man die Lasten mehrere Stockwerke anheben kann.

die Krankheit

Philipp geht es gar nicht gut. Er hat Windpocken und Fieber. Wegen seiner Krankheit muss er für ein paar Tage im Bett bleiben, viel Tee trinken und dreimal täglich Medizin schlucken.

das Krokodil

Das Krokodil ist ein großes Reptil. An Land ist das Tier sehr schwerfällig, aber im Wasser ist es blitzschnell und fängt Fische und Landtiere, die gerade am Fluss trinken wollen.

die Küche

Außer dem Herd stehen in der Küche ein Kühlschrank und eine Spüle. Wird in der Küche gekocht, riecht es gut. Nach dem Essen muss abgespült und abgetrocknet werden.

die Kuh

Auf vielen Wiesen stehen Kühe und fressen Gras. Jeden Morgen und Abend werden sie gemolken. Aus der Kuhmilch kann man Butter, Käse, Quark und Joghurt machen.

der Künstler

Wenn jemand besonders gut malt, singt, Theater spielt, schreibt oder musiziert und immer neue Ideen hat, sagt man: Das ist ein Künstler. Er kann Dinge, die andere nicht so gut können.

der Kuss

Jeden Abend gibt Mama mir einen Kuss. Dann kann ich gut einschlafen. Sie zeigt mir damit, dass sie mich lieb hat. Küssen macht aber nur Spaß, wenn beide das wollen.

L

das Lachen

Wenn man etwas Lustiges sieht oder hört, sich freut oder gekitzelt wird, muss man lachen. Jonas und Mia reiten auf ihrem Vater. Das ist lustig, weil es so wackelt. Ihr Lachen hört man im ganzen Haus.

der Lastwagen

Ein Auto, das viele und schwere Dinge laden kann, nennt man Lastwagen. Es ist sehr groß und hat manchmal noch einen Anhänger. Damit werden Güter über weite Strecken transportiert.

der Laternenumzug

Jedes Jahr im November treffen sich die Kinder zum Laternenumzug. Viele Laternen sind selbst gebastelt und sehen aus wie eine Sonne, ein Haus oder ein Fisch. In jeder Laterne brennt ein Licht. Das leuchtet schön im Dunkeln.

der Leuchtturm

An den Küsten des Meeres stehen Türme mit einem sich drehenden Licht an der Spitze. Das sind Leuchttürme, die bei Tag und bei Nacht den Schiffen den richtigen Weg weisen.

das Lexikon

Ein Lexikon ist ein Wörterbuch, so wie dieses hier. Es ist oft nach dem ABC geordnet. Du kannst darin nach bestimmten Wörtern suchen und erfahren, was diese Wörter zu bedeuten haben.

das Lied

Ein Lied ist oft ein gesungenes Gedicht. Es hat meist mehrere Strophen. Besonders schön ist es, wenn viele zusammen im Chor singen.

der Löwe

Die größte Raubkatze in Afrika ist der Löwe. Löwen leben in Rudeln zusammen. Sie gehen nachts auf Jagd. Dann hört man über viele Kilometer das laute Löwengebrüll.

der Lutscher

Einen Bonbon am Stiel nennt man Lutscher. Es gibt sie in ganz vielen Farben, Formen und Geschmacksrichtungen. Man leckt so lange am Lutscher, bis nur noch der Stiel übrig ist.

das Mädchen

Es gibt Jungen und Mädchen. Wenn ein Mädchen groß ist, sagt man auch Frau zu ihr. Mädchen können alles, was Jungen auch können. Trotzdem sind sie anders. Wenn sie wollen, können sie später einmal Kinder kriegen.

der Mähdrescher

Der Mähdrescher ist eine Maschine, mit der man Getreide ernten kann. Die Halme werden abgeschnitten, vom Korn getrennt und das Korn im Korntank gesammelt. Das Stroh, das übrig bleibt, wird zu Ballen zusammengepresst.

das Märchen

In unserem dicken Märchenbuch stehen viele Geschichten von Prinzen, Prinzessinnen, Zauberern, Hexen und Drachen. Kennst du das Märchen von Aschenputtel, Rotkäppchen oder dem Froschkönig?

der Maulwurf

Der Maulwurf hat ein schwarzes, samtiges Fell, zwei große Schaufelhände und eine spitze Schnauze. Er ist fast blind. Das macht aber nichts, weil er unter der Erde im Dunkeln wohnt und dort nach Würmern und Larven gräbt.

das Meer

Die große Wasserfläche auf unserer Erde nennen wir Meer. Das Meer hat viele Namen: Pazifik, Atlantik, Mittelmeer … Sein Wasser ist immer salzig. Viele Pflanzen und Tiere leben darin. Es gibt kalte und warme Meere.

der Monat

Das Jahr hat zwölf Monate: Januar, Februar, März, April, Mai, Juni, Juli, August, September, Oktober, November, Dezember. Jeder Monat hat 30 oder 31 Tage, nur der Februar nicht. Er hat nur 28 Tage. Wann ist dein Geburtstag?

M

der Mond

Jeden Tag verändert sich der Anblick des Mondes. Erst sieht man ihn als schmale Sichel, dann als Halbmond und schließlich als Vollmond, bevor er wieder abnimmt und fast verschwindet.

der Müll

Sachen, die niemand mehr braucht, kommen auf den Müll zur Entsorgung. Küchenmüll kommt meistens auf den Kompost. Plastik, Glas und Papier werden getrennt in Container geworfen.

die Musik

In unserer Familie wird oft musiziert. Das macht viel Spaß. Papa spielt Klavier, Mia Trompete, Clara Geige, ich Flöte und meine Mama schlägt die Rhythmusinstrumente. Manchmal hören wir auch Musik vom CD-Player. Papa mag Jazz, ich mag Kinderlieder.

der Nachbar

Nachbarn sind die Leute, die neben uns wohnen. Unsere Nachbarn sind nett. Wir helfen uns gegenseitig, wenn es nötig ist.

die Nacht

Wenn die Sonne untergegangen ist, wird es Nacht. Der Tag ist vorbei und es wird langsam dunkel. Die meisten Menschen schlafen nachts. Aber Eulen und Igel gehen jetzt auf die Jagd.

die Nähmaschine

Brrrrrr – rasselt die Nähmaschine und schon werden mit vielen Stichen zwei Stoffe aneinandergenäht. Man muss auf ein Pedal treten, damit die Nadel auf- und abgeht und den Faden festnäht.

der Nagel

Ein Nagel hat unten eine scharfe Spitze und oben einen flachen Kopf. Darauf schlägt man mit dem Hammer und der Nagel dringt ins Holz. Ganz andere Nägel sind an Fingern und Zehen.

der Name

Die meisten Menschen haben einen Namen. Der kann kurz oder lang sein. Manche haben mehrere Vornamen oder einen Doppelnamen als Nachnamen. Ich heiße Nina Weiss – und du?

N

die Narbe

Lukas ist am Blinddarm operiert worden. Bei der Operation hat man seinen Bauch aufgeschnitten. Jetzt ist die Wunde verheilt und man sieht nur noch die kleine Narbe.

der Narr

Ein Narr ist ein Spaßmacher. Manchmal legt er Leute herein, ohne dass diese es merken. Ein berühmter Narr war Till Eulenspiegel. Kennst du ein paar Geschichten über ihn?

das Nashorn

Weil der dicke, plumpe Pflanzenfresser ein Horn auf der Nase hat, heißt er Nashorn. Das seltene, kurzsichtige Tier lebt in Afrika und Asien. Doch Vorsicht! Es wird schnell wütend!

die Natur

Überall da, wo alles wachsen kann, wie es will, ist Natur. Dort leben viele Tiere und Pflanzen. Damit die Natur nicht durch Umweltgifte zerstört wird, müssen wir Menschen sie schützen.

der Neid

Lena hätte auch gern eine so schöne Puppe wie Nina. Sie will nicht, dass Nina dauernd mit ihrer Puppe spielt. Voller Neid reißt sie ihr die Puppe aus der Hand.

N

das Nest

Im Garten hat sich ein Rotschwänzchen aus Gras und Haaren ein stabiles Nest gebaut. Der Storch baut sein Nest aus Zweigen. Die Schwalbe macht ihres aus Lehm und Spucke.

die Neugier

„Lass mal sehen, was du in deinem Netz gefangen hast", sagt Lars zu dem fremden Jungen. Er will unbedingt wissen, was es ist. Seine Neugier ist sehr groß.

der Nikolaus

Am 6. Dezember kommt der Nikolaus.
Am Abend vorher stellen die Kinder ihre Schuhe vor die Türe und warten darauf, dass er sie in der Nacht mit Nüssen und Süßigkeiten füllt.

die Nudel

Nudeln werden entweder aus Mehl, Eiern und Wasser oder aus Hartweizengrieß gemacht. Es gibt Spaghettis, Makkaronis, Tortellinis, Hörnchen, Buchstabennudeln und viele mehr.

die Nuss

Eine Nuss hat eine harte Schale und einen leckeren Kern. Die Schale muss man mit einem Nussknacker öffnen. Es gibt Walnüsse, Haselnüsse, Erdnüsse und viele weitere Sorten.

das Obst

Obst sind Früchte von Pflanzen. Es wächst an Bäumen oder Sträuchern und kann meist einmal im Jahr geerntet werden. Es schmeckt süß oder etwas sauer. Welches Obst kennst du? Zeige die Erdbeeren, Johannisbeeren, Birnen, Pflaumen, Äpfel, Trauben, Kiwis und Bananen.

der Ofen

Wenn es draußen kalt ist, macht Papa den Ofen an. In den Feuerraum legt er eine zerknüllte Zeitung, stapelt darauf Holz und zündet es mit einem Streichholz an. Dann wird es bei uns richtig warm und gemütlich.

der Oldtimer

Alte Autos, die schon mindestens 30 Jahre nicht mehr hergestellt werden, nennt man Oldtimer. Davon gibt es verschiedene Typen. Oft ist es schwer, sie zu reparieren, weil es kaum noch Ersatzteile für sie gibt.

die Olympiade

Alle vier Jahre finden Festspiele mit sportlichen Wettkämpfen statt. Dazu kommen die besten Sportler aus aller Welt. Wer einen Wettkampf gewonnen hat, bekommt eine Goldmedaille.

das Orchester

In einem Orchester spielen viele Musiker zusammen. Damit das klappt, haben sie einen Dirigenten vor sich. Der zeigt jedem mit seinem Taktstock, wann und wie er spielen soll.

der Orkan

Wild peitscht der Wind über Meer und Land. Kein Mensch ist mehr draußen. Mit seiner Kraft entwurzelt der Sturm sogar Bäume und deckt Häuserdächer ab – ein richtiger Orkan ist das!

der Ort

Ein Ort ist ein Platz. Dort, wo du wohnst, ist dein Wohnort. Das kann ein Dorf oder eine Stadt sein. Es gibt auch Orte, wo man sich besonders wohlfühlt. Die können überall sein.

Ostern

Auf Ostern freue ich mich ganz besonders. Dann suche ich im Garten nach Ostereiern und Süßigkeiten. Papa sagt, die hat der Osterhase gebracht. Aber gesehen habe ich ihn noch nicht.

P

der Papagei

Diese bunten Vögel nennt man Papageien. Sie leben von Samen, Früchten, Nüssen und Honig. Sie hören genau zu und ahmen sogar die menschliche Stimme nach.

die Perle

Es gibt ganz besondere Muscheln, in denen wachsen wunderschöne Perlen. Die sind sehr wertvoll. Ich habe Holz- und Glasperlen. Daraus mache ich mir eine schöne Kette.

die Petersilie

Die Petersilie ist eine Gewürzpflanze. Sie schmeckt zu Kartoffeln und Salaten. Außerdem kann man mit ihr das Essen hübsch verzieren.

das Pflaster

Gut, dass wir immer Pflaster zu Hause haben. Gerade habe ich mich in den Finger geschnitten. Jetzt klebt Mama mir ein Pflaster auf die Wunde. Diesmal bekomme ich ein gelbes.

der Pilz

Es gibt viele Pilze. Manche, wie den Champignon, kann man wie Gemüse essen, andere nicht. Einige Pilze sind sogar giftig, wie der Fliegenpilz und der Grüne Knollenblätterpilz.

der Pinguin

Der Pinguin ist ein Vogel, der nicht fliegen kann. Seine Flügel sind wie Flossen beim Fisch. Deshalb ist er unter Wasser besonders schnell. An Land geht er aufrecht, wie ein kleiner Zwerg.

der Pirat

Da kommt ein Schiff mit schwarzer Fahne und einem Totenkopf drauf. Das können nur Piraten sein! Gleich werden die Seeräuber mit ihren Kanonen schießen und uns überfallen!

das Planschbecken

Es ist Hochsommer. Draußen ist es heiß. Mama hat das Planschbecken aufgestellt und frisches, kühles Wasser eingelassen. Plitsch, platsch, das wird ein Riesenwasserspaß!

die Polizei

Wenn irgendwo etwas Schlimmes passiert oder jemand Hilfe braucht, kommt die Polizei mit Blaulicht und Sirene. Sie hilft bei Unfällen, regelt den Verkehr und fängt Verbrecher.

die Puppe

Imke und Fabian spielen gerne mit ihren Puppen. Sie haben sogar einen Puppenwagen und ein Puppenhaus. Für sie sind sie wie kleine Babys. Anna hat Handpuppen.

Q

die Qualle

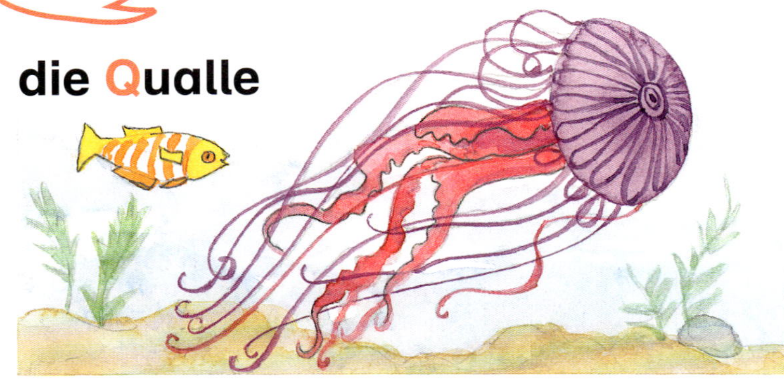

Die Qualle ist ein Meerestier ohne Knochen. Sie sieht wie eine Glocke mit vielen Fäden aus. Die Berührung ihrer Nesselfäden kann Verbrennungen verursachen – autsch!

der Qualm

Wenn man in ein Lagerfeuer feuchtes Holz legt, fängt es an zu qualmen. Der Qualm breitet sich schnell aus und kratzt in den Augen und im Hals. Das ist sehr ungesund.

das Quartett

Kennst du das Kartenspiel Quartett? Da muss man vier Karten mit der gleichen Farbe, dem gleichen Namen oder Bild sammeln. Wer die meisten Quartette hat, hat gewonnen.

der Quatsch

Heute machen wir nur Quatsch. Wir essen die Suppe mit der Gabel. Dann ziehen wir unsere Kleider verkehrt herum an. Im Kindergarten laufen wir rückwärts und sagen nur Gute Nacht.

die Quelle

Dort, wo Wasser aus Boden oder Fels quillt, ist eine Quelle. Das Wasser läuft den Hügel hinunter und wird zu einem Bach. Aus vielen Bächen wird ein Fluss. Der fließt dann ins Meer.

das Radio

Gerade habe ich das Radio eingeschaltet. Erst kam Musik, aber jetzt habe ich zu einem Hörspiel umgeschaltet. Über Radiowellen kommen die Töne vom Rundfunkhaus in unser Radio.

die Rakete

Raketen sind Flugkörper, die wie ein Rohr aussehen. Wenn man den Treibstoff am Ende des Rohres entzündet, fliegt die Rakete in die Luft. Es gibt Weltraum- und Feuerwerksraketen.

der Regenbogen

Wenn es vor dir regnet und gleichzeitig hinter dir die Sonne scheint, dann siehst du einen Regenbogen am Himmel. Er ist ganz bunt: rot, orange, gelb, grün, blau und violett.

der Regenschirm

Was für ein Regenwetter! Gut, dass ich einen Regenschirm habe. Der ist wie ein großes, buntes Dach. Mit Regenschirm und Gummistiefeln macht Regen richtig Spaß.

der Ritter

Früher wurde ein Krieger, der mit eiserner Rüstung auf einem Pferd in den Kampf zog, Ritter genannt. Seine Waffen waren das Schwert, der Schild und die Lanze.

die Rollerskates

Rollerskates sehen aus wie Schlittschuhe, aber statt der Kufen haben sie Räder. Wenn ich Rollerskates fahre, trage ich immer einen Helm und habe Arm- und Knieschützer an.

der Rucksack

Beim Wandern braucht man freie Hände. Deshalb tut man seine Sachen in den Rucksack. Auf dem Rücken tragen sich selbst schwere Dinge ganz leicht.

der Rummelplatz

Auf dem Rummelplatz ist immer viel los. Da kann man Karussell oder Riesenrad fahren und sich an Buden Lose, Zuckerwatte, gebrannte Mandeln oder Süßigkeiten kaufen.

die Rutschbahn

Die Rutschbahn auf unserem Spielplatz ist ganz schön hoch, aber nicht so schnell wie die Wasserrutsche im Freibad. Da rutscht man auf einem Wasserpolster durch Röhren und Kurven.

die Säge

Die Säge ist ein Werkzeug. Mit der Fuchsschwanzsäge sägt man Äste ab. Die Kreissäge sägt Bretter aus Baumstämmen und die Metallsäge sägt sogar Eisen.

der Satellit

Ein Raumflugkörper, der um einen Planeten oder Mond kreist, heißt Satellit. Ein Satellit übermittelt Funk- und Fernsehsendungen.

der See

Ein See ist wie eine große Pfütze. Nur trocknet er nicht so schnell aus, weil Flüsse oder Bäche in ihn fließen. Manche Seen haben Sandstrände. Da kann man prima schwimmen gehen.

die Seife

Die neue Apfelseife duftet wirklich gut. Damit seife ich mich beim Baden ein. Das löst den Dreck und meine Haut wird ganz glitschig. Nur im Auge mag ich Seife nicht. Das brennt zu sehr.

der Ski

Zu Weihnachten habe ich Skier und Skischuhe bekommen. Damit fahren wir bald in die Berge. Im Skikurs lerne ich dann, auf den zwei Brettern die schneebedeckte Piste hinunterzusausen.

S

die Sonne

Heute ist keine Wolke am Himmel. Die Sonne scheint ganz warm. Wusstest du, dass die Sonne ein riesiger Stern ist und die Erde und den Mond immer um sich kreisen lässt?

die Spinne

Wie kunstvoll die Spinne ihr Netz gewoben hat! Jetzt wartet sie auf Insekten, die sich im Netz verfangen sollen. Die Spinne hat acht Beine und meist acht Augen. Deshalb sieht sie sehr gut.

der Spielplatz

die Stadt

Sooft es geht, treffe ich mich mit meinen Freunden auf dem Spielplatz. Dort bauen wir Sandburgen, schaukeln, wippen oder klettern auf den Klettergerüsten und Bäumen herum.

Wohnst du in einer Stadt oder auf dem Land in einem Dorf? Es gibt Großstädte, da wohnen viele Millionen Menschen. Dort gibt es U-Bahnen, Zoos, große Kaufhäuser und Theater.

der Staubsauger

Mit dem Staubsauger wird alles schnell sauber.
Das Saugen macht ein kleiner Motor im Gehäuse.
Er saugt den Staub in den Staubbeutel.
Den muss man öfter leeren.

der Stern

Wenn es dunkel ist, leuchten viele Sterne am Himmel. Sie sehen zackig aus, obwohl sie rund sind.

der Stiefel

Stiefel sind besonders hohe Schuhe. Es gibt Schnürstiefel zum Binden und Gummistiefel für Regenwetter. Am besten gefällt mir der Stiefel, den mir der Nikolaus jedes Jahr füllt.

der Storch

Im Sommer kann man auf Kirchtürmen und Hausdächern Storchennester sehen. Störche waten gern durch sumpfige Wiesen, um mit ihren langen Schnäbeln Frösche zu fangen.

der Stuhl

Der Stuhl ist ein Gestell, auf das man sich setzen kann. Es gibt viele Stühle aus vielen Materialien: Hochstühle, Polsterstühle, Liegestühle, Klappstühle und Rollstühle für Behinderte.

das Schaf

Schafe leben meistens in Herden zusammen. Der Schäfer und sein Hund bringen sie auf die Weide. Im Frühling werden die Schafe geschoren. Aus der Wolle macht man Wollgarn.

der Schatten

Wenn Licht oder Sonne schräg auf etwas scheinen, gibt es einen Schatten. Mit deinem Schatten kannst du lustige Spiele machen – zum Beispiel Schattentiere an der Wand tanzen lassen.

das Schiff

Hier siehst du viele Schiffe. Das Segelboot braucht keinen Motor, es wird vom Wind vorangetrieben. Das U-Boot kann ganz tief und lange tauchen. Mit der Gondel stakt man über Kanäle.

Ein Öltanker fährt über alle großen Meere und transportiert Heizöl. Der Schlepper zieht große Schiffe aus dem Hafen. Ein Schiff habe ich selbst gebaut. Weißt du, wo es ist?

die Schere

Zum Basteln brauche ich meine Bastelschere. Sie ist ganz schön scharf. Meine Mama hat eine Schneiderschere und eine Gartenschere. Mit der Nagelschere schneiden wir unsere Nägel.

die Schleife

Kannst du schon eine Schleife binden? Man bindet damit die Schnürsenkel an den Schuhen zu. Geschenke werden auch manchmal mit Schleifen verziert. Ich habe eine Haarschleife.

S

der Schlitten

Hurra! Es hat geschneit und wir wollen Schlitten fahren! Mein Schlitten hat zwei Kufen. Jens hat einen Bobschlitten, wie ihn die Rennfahrer haben.

der Schneemann

Aus drei unterschiedlichen Schneekugeln haben wir den Schneemann gebaut – mit einer Karottennase, Kohleaugen und einem Hut.

der Schlüssel

An Mamas Schlüsselbund hängen viele Schlüssel. Jeder Schlüssel öffnet ein bestimmtes Schloss. Schlüssel sollte man nie verlieren.

die Schnecke

Wenn du die Fühler der Schnecke berührst, zieht sie sich sofort in ihr Haus zurück. Sie kriecht nur langsam und hinterlässt eine Spur.

der Schmetterling

Schmetterlinge gehören zu den Insekten. Sie haben vier gleichartige Flügel, die oft bunt sind. Das Weibchen legt Eier auf ein Blatt. Daraus schlüpfen Raupen, die sich nach mehreren Häutungen verpuppen. Aus den Puppen schlüpfen die Schmetterlinge.

die Schokolade

Schokolade ist aus Kakao, Milch und Zucker gemacht. Ich habe noch eine ganze Tafel Schokolade. Möchtest du einen Riegel?

das Schwein

Die Babys des Hausschweins nennt man Ferkel. Die Mutter ist die Sau und der Vater der Eber. Wildschweinbabys heißen Frischlinge, die Mutter ist die Bache, der Vater der Keiler.

die Schule

Mein Bruder ist schon in der Schule. Das ist ein großes Haus mit vielen Klassenzimmern. In jedem Zimmer stehen Tische und Stühle und eine große Tafel mit Kreiden. Es gibt auch einen Musiksaal, eine Turnhalle, einen Computerraum und einen Pausenhof zum Spielen. Lehrer unterrichten die Kinder in verschiedenen Fächern – zum Beispiel in Lesen und Rechnen.

T

die Tasche

Wo hast du denn dein Taschentuch? Bestimmt in der Hosentasche! Wir haben viele Taschen: Stofftaschen zum Einkaufen, eine Umhängetasche für den Kindergarten und große für Sport und Reisen. Mein großer Bruder hat eine Schultasche.

die Tasse

Diese Tassen gehören zu einem Kaffeeservice. Sie haben ein schönes Muster. Da sie aus Porzellan sind, zerbrechen sie leicht.

das Telefon

Durch das Telefon, das bei uns im Flur steht, kann ich mit Menschen sprechen, die weit weg sind. Ich nehme den Hörer ab und wähle die Nummer von Maxi. Dann klingelt ihr Telefon und wenn sie abhebt, können wir sprechen. Mein älterer Bruder hat schon ein Handy, damit kann man überall telefonieren, egal wo man ist.

der Teddy

Mein Teddy ist mein liebstes Kuscheltier. Er ist so weich und sieht so lieb aus. Wenn ich traurig bin, drücke ich meinen Teddybären ganz fest. Dann geht's mir gleich besser.

der Teller

Manchmal decke ich den Tisch für das Mittagessen. Zuerst stelle ich die Teller hin. Daneben kommen Löffel, Messer und Gabel. Heute brauchen wir die tiefen Suppenteller.

das Theater

Auf der Bühne des Theaters spielen Schauspieler für die Zuschauer Geschichten nach. Sie treten vor Kulissen auf, also unechten Häusern und Landschaften. Neulich waren wir in einer Theateraufführung von Hänsel und Gretel. Das war schön, aber auch etwas gruselig.

T

der Tiger

Der Tiger mag gern allein sein. Tagsüber verbirgt er sich im Dschungel Asiens. Nachts geht die gestreifte Raubkatze auf Beutefang.

der Tisch

Ich habe einen Spieltisch. Unter dem kann ich wunderbar spielen. Zum Essen gehen wir an unseren runden Küchentisch.

die Toilette

Zur Toilette kann man auch Klo oder WC sagen. Mein Bruder macht noch ins Töpfchen. Ich mache ins Klo. Danach wische ich meinen Po ab, drücke die Spülung und wasche die Hände.

der Traktor

Mit dem Traktor kann der Bauer viele Dinge machen: das Feld umpflügen, säen, mähen, ernten. Die großen Hinterräder schieben ihn selbst durch den größten Matsch.

das Trampolin

Das Sprunggerät in unserem Kindergarten nennt man Trampolin. Nino hat sogar schon einen Purzelbaum in der Luft gemacht. Wenn ich hüpfe, kribbelt es in meinem Bauch.

die Trauer

Nils weint und ist traurig. Sein Leiterwagen ist umgekippt und hat ein Rad verloren. Jetzt ist er kaputt. Die Mama tröstet Nils und repariert den Wagen. Jetzt ist Nils wieder froh.

der Traum

Heute Nacht hatte ich einen wunderschönen Traum. Da konnte ich fliegen wie ein Engel. Ich dachte, der Traum ist wahr. Aber als ich aufwachte, lag ich wie ein Stein in meinem Bett.

der Tunnel

Damit Autos und Eisenbahnen nicht über hohe Berge fahren müssen, hat man Tunnel durch sie gebaut. Der Eurotunnel führt unter dem Meer hindurch. Er verbindet Frankreich und England.

U

das Ufo

Ein Ufo ist ein unbekanntes Flugobjekt. Das kann ein Raumschiff aus einer anderen Welt sein oder einfach irgendein Flugzeug, das man nicht richtig erkannt hat.

die Uhr

Wenn man wissen will, wie spät es ist, schaut man auf die Uhr. Es gibt Armbanduhren, Wanduhren, Taschenuhren, Küchenuhren, Wecker, Stoppuhren und viele mehr.

der Unfall

Peng! Jana kam mit ihrem Bobbycar von rechts und Elif mit dem Dreirad von links.
Dann sind sie zusammengestoßen und Elif ist vom Dreirad gefallen. Zum Glück ist den beiden bei dem Unfall nichts passiert.

V

der Vampir

Es gibt viele Geschichten über Vampire. Sie sollen spitze Eckzähne haben, mit denen sie Menschen in den Hals beißen, um ihr Blut auszusaugen. In Südamerika gibt es Vampir-Fledermäuse, die sogar Kuhblut trinken.

die Vase

Will man zu Hause bunte Blumen haben, stellt man sie in eine Vase mit Wasser. Dann können die Blumen noch etwas Wasser aufnehmen und verwelken nicht so schnell.

das Ventil

Mein Fahrrad hat zu wenig Luft. Ich schraube den Ventildeckel ab und pumpe mit der Luftpumpe Luft in den Reifen. Das Ventil verhindert, dass die Luft wieder entweicht.

V

der Verband

In meinem Arztköfferchen habe ich viele Verbände. Puppe Lina bekommt einen Verband um den Bauch. Letzte Woche hat Murat sich das Bein gebrochen. Jetzt hat er für vier Wochen einen harten Gipsverband und kann sein Bein gar nicht mehr bewegen.

die Verdauung

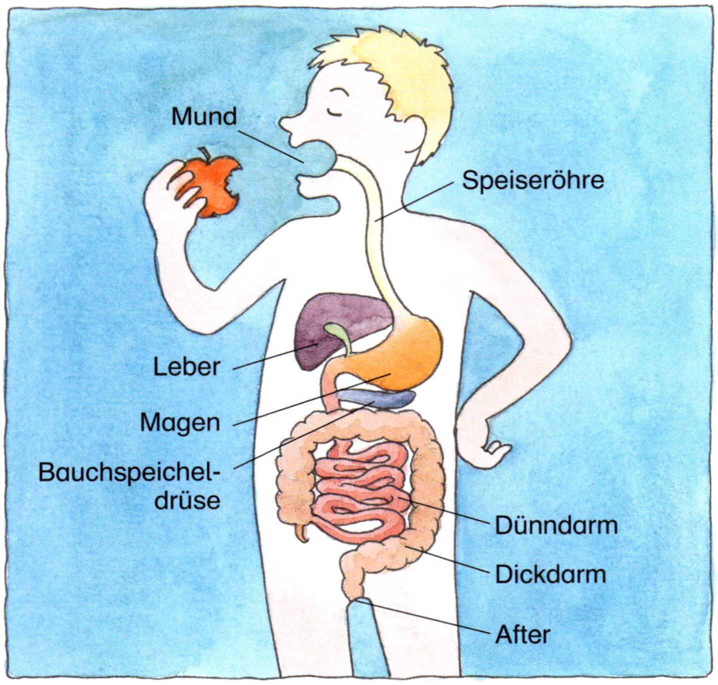

Wenn wir einen Apfel essen, wird er verdaut. Er wandert durch die Verdauungsorgane unseres Körpers und verwandelt sich. Unser Körper nimmt sich dabei alles, was er vom Apfel braucht. Im Klo landen nur die unverdaulichen Reste.

das Versteck

Mit Decken und Kissen habe ich mir ein schönes Versteck unter dem Sessel gebaut. Hier entdeckt mich niemand. Ich habe auch noch ein kleines Versteck in meinem Zimmer. Dort sind alle meine geheimen Schätze.

die Villa

Ein großes Haus mit vielen Zimmern und einem schönen Garten nennt man Villa. Dort wohnen meist nur reiche Leute.

der Vogel

Ein Vogel kann fliegen, weil seine Knochen so leicht sind. Seine Arme sind die Flügel und mit seinen Schwanzfedern steuert er.

die Vogelscheuche

In unserem Garten steht eine Vogelscheuche, damit die Vögel nicht den jungen Salat fressen. Wenn der Wind in die Kleider bläst, erschrecken die Vögel vor der plötzlichen Bewegung.

der Vorhang

Vorhang auf! Das Theater kann beginnen. Mit einer langen Schnur kann der schwere Vorhang auf- und zugezogen werden.

der Vulkan

Ein Berg, der Feuer speit, ist ein Vulkan. Die meiste Zeit ist er ruhig. Doch manchmal explodiert er und spuckt Asche und glühendes Gestein, die Lava, aus seinem Schlot.

der Wal

Die Wale im Meer sind die größten Lebewesen auf der Erde. Sie sind keine Fische, weil sie ihre Jungen säugen und zum Atmen auftauchen müssen. Dann sieht man eine hohe Fontäne.

der Wald

Viele Bäume bilden einen Wald. Es gibt den Urwald, wo alles wachsen darf, wie es will, und den Nutzwald, aus dem man Holz gewinnt. Förster pflegen die Nutzwälder.

Weihnachten

An Weihnachten feiern wir Jesu Geburt. Mitten im Zimmer steht ein Tannenbaum, der mit Kerzen und Kugeln geschmückt ist. Unter dem Baum liegen bunte Päckchen. Alle sollen sich freuen. Es ist schön, Geschenke zu bekommen – und noch schöner, welche zu verschenken!

die Welt

Kaum zu glauben, dass wir alle auf einer großen runden Kugel leben, die sich unentwegt dreht! Das ist unsere Erde mit Meeren und Kontinenten, auf denen viele Länder sind. Die Welt ist aber noch viel mehr. Das sind die Erde, die Sonne, der Mond und die Sterne – einfach alles.

der Werkzeugkasten

Hammer, Zange, Feile, Säge, Handbohrer, Wasserwaage, Nägel, Schraubenschlüssel, Schraubenzieher und vieles mehr können in einem Werkzeugkasten sein.

die Wespe

Wespen lieben Süßes! Wenn man im Sommer Eis isst, sind die Wespen meist nicht weit. Wie die Bienen sind sie Insekten. Sie haben einen schwarz-gelben Hinterleib und können stechen.

das Wetter

Heute scheint die Sonne und es ist heiß. Der Himmel ist ganz blau. Nur ein paar Schäfchenwolken treiben dahin. Überall, wo die Sonne nicht hinscheint, sind Schatten.

Was für ein wildes Wetter! Erst regnet es, dann bläst der Wind die Blätter von den Bäumen, er wird immer stärker und bricht sogar die Äste ab. Jetzt tobt draußen ein echter Sturm!

Man kann fast nicht die Hände vor den Augen sehen, so neblig ist es. Der Nebel besteht aus feinen Wassertröpfchen und setzt sich sogar auf die Spinnennetze, die ganz weiß aussehen.

Endlich schneit es! Draußen sieht alles so weiß, so weich, so anders aus! Die Bäume und Dächer haben dicke Schneehauben, und die Schneeflocken tanzen lustig gegen das Fenster.

die Wiese

die Wippe

Im Mai sind Wiesen besonders schön! Da blühen Gräser und Blumen. Bienen und Hummeln sammeln Honig. Käfer und Ameisen krabbeln zwischen den Grasstängeln.

Mein kleiner Bruder liebt die Wippe auf unserem Spielplatz. Er mag das Auf und Ab. Am meisten quietscht er, wenn wir ganz schnell wippen und ich ihn hochhopsen lasse.

die Woche

Eine Woche hat sieben Tage. Sie heißen Montag, Dienstag, Mittwoch, Donnerstag, Freitag, Samstag und Sonntag. Am Samstag und Sonntag ist Wochenende, und wir haben frei.

W

der Wolf

Der Wolf ist ein sehr kluges Tier. Sein Fell ist grau oder schwarz und er lebt mit vielen anderen Wölfen in einem Rudel im Wald. Mit ihrem Geheule können sich Wölfe verständigen.

der Würfel

Mit dem Würfel spielt man Würfelspiele. Er ist quadratisch und hat sechs gleich große Seiten. Auf jeder Seite sind Punkte. Die Seite, die nach oben zeigt, gilt. Mal sehen, wie viel ich würfele.

die Wut

Was für eine Gemeinheit! Ina hat Lukas' Burg kaputt gemacht! Lukas stürzt sich voller Wut auf Ina und schlägt sie. Jetzt prügeln sich die zwei. Kai und Sophie versuchen die beiden zu trennen. Wut ist selten gut und löst kaum Probleme.

die X-Beine

Wenn man die Knie zusammendrückt und die Füße nach innen stellt, bekommt man X-Beine. Es gibt einen Tanz, da tanzt man mit X-Beinen. Kannst du auch so tanzen?

das Xylofon

Das Xylofon ist ein Musikinstrument. Es hat viele Hölzchen oder Metallplättchen, die mit einem Hämmerchen angeschlagen werden. Jedes Hölzchen klingt in einem anderen Ton.

das X-Tier

Kennst du das verrückte X-Tier? Es hat seinen Namen vergessen. Sein Kopf sieht aus wie der einer Kuh, der Hals ist wie bei einer Schlange, die Füße sind platt wie bei einer Ente. Es weiß nicht, was es ist – verflixt!

Y

der Yak

Der Yak ist mit unseren Kühen verwandt. Er ist nur viel größer und hat ein schwarzbraunes, langes Haarkleid. Er lebt in Asien. Dort benutzen ihn die Menschen als Lasttier.

das Yoga

Wenn wir im Kindergarten Yoga machen, setzen wir uns im Schneidersitz hin und schließen die Augen. Dabei versuchen wir, ganz fest in uns hineinzuhören. Das ist gar nicht so leicht, aber hinterher fühlen wir uns ganz wohl.

das Yo-Yo (auch Jo-Jo)

Schau nur, wie das Yo-Yo zu meiner Hand zurückkehrt. Man muss nur warten, bis die Schnur ganz abgerollt ist, dann zieht man die Hand nach oben und schon wickelt sich die Schnur um das Yo-Yo, und es kommt zurück!

die Zahl

Wie viele Kinder siehst du hier? Kannst du sie zählen? Es sind zehn. Eins, zwei, drei, vier, fünf, sechs, sieben, acht, neun, zehn. Zu jedem Kind gehört eine andere Zahl. Sie steht auf seinem T-Shirt. Zahlen gibt es unendlich viele. Eine Zahl zeigt an, wie viel es von einer Menge gibt: fünf Äpfel, zwei Bananen, drei Autos, vier Katzen, sechs Kinder.

der Zahn

Mir fehlen zwei Zähne. Mein Bruder hat schon alle. Vorne im Mund sind die Schneidezähne, dahinter die Eckzähne und die Backenzähne. Ich putze meine Zähne jeden Tag dreimal.

die Zange

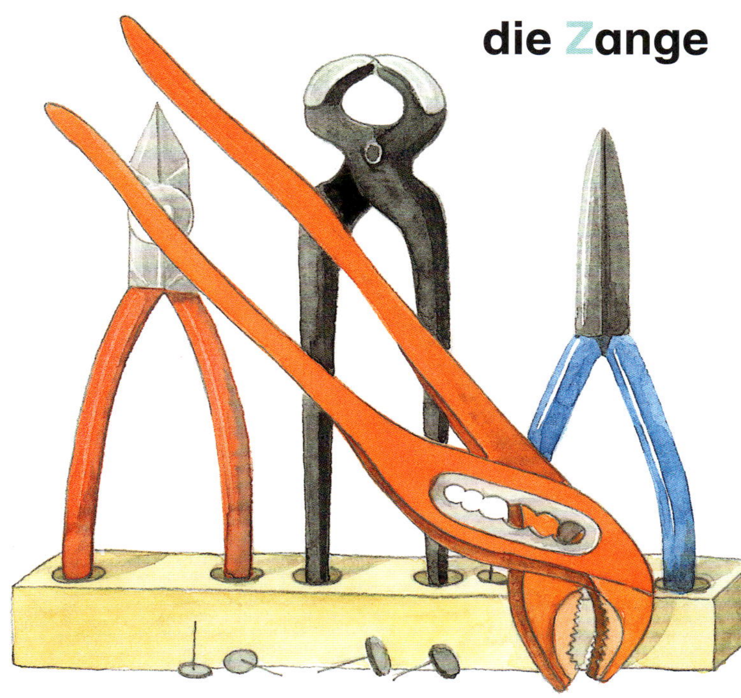

Wir müssen eine Kiste aufmachen. Mit der Kneifzange ziehen wir die Nägel raus. Mein Vater hat noch mehr Zangen: eine Rohrzange und eine Flachzange.

die Zärtlichkeit

Mit unserem Baby gehen wir immer ganz zärtlich um. Ich streichle ihm sanft über seine Bäckchen und schmuse mit ihm. Das mag es sehr. Es lächelt. Mama knuddelt seine Füßchen. Jeder mag Zärtlichkeit. Ich kuschle auch gerne mit Mama oder Papa. Dann fühle ich mich ganz aufgehoben und wohl.

der Zauberer

Im Zirkus haben wir eine Zauberkünstlerin gesehen. Aus ihrem Hut hat sie ganz viele bunte Tücher gezaubert. Plötzlich waren sie da. Ich weiß nicht, wie sie das gemacht hat!

der Zaun

Ein Zaun ist eine Absperrung. Dann möchte man nicht, dass andere auf das Grundstück kommen. Ein Zaun kann auf der Weide auch Tiere am Weglaufen hindern.

das Zebra

Ein Zebra ist ein wildes Pferd, das in Afrika lebt. Das gestreifte Fell bewahrt das Zebra vor Überhitzung und vor krankmachenden Stichen der Tsetsefliegen und Bremsen.

die Zeit

Wie schnell beim Spielen die Zeit vergeht! Der große Zeiger ist schon drei Mal rundum gelaufen. Jedes Mal, wenn er oben ankommt, ist eine Stunde rum. Eine Stunde hat 60 Minuten.

die Zeitung

In einer Zeitung stehen Neuigkeiten und Informationen drin. Die Tageszeitung berichtet, was jeden Tag in der Welt passiert. Es gibt auch Zeitschriften und Magazine.

der Zeppelin

Schon bevor es Flugzeuge gab, fuhren Luftschiffe wie der Zeppelin. Sie steigen mit Gas hoch und werden von einem Motor angetrieben.

die Ziege

Ziegen leben überall auf der Welt. Aber ihre eigentliche Heimat sind die Berge. Sie klettern gern und stupsen einander auch mal mit den Hörnern. Aus ihrer Milch macht man Käse.

Z

der Zirkus

Der Zirkus „Beppo“ hat ein großes buntes Zelt mit einer hohen Kuppel. In der Vorstellung führen Artisten waghalsige Kunststücke am Trapez oder auf dem Hochseil auf. Clowns bringen die Zuschauer zum Lachen.

der Zoo

Wenn man ganz viele unterschiedliche Tiere auf einmal sehen will, geht man am besten in den Zoo. Dort kann man beobachten, wie fremdartige Tiere leben: Kängurus, Pinguine, Robben, Nilpferde, Fische, Affen, Raubtiere …

das Zündholz

Mit dem Zündholz kann man Feuer machen. Wenn man mit dem Köpfchen an der rauen Seite der Schachtel entlangstreicht, fängt es an zu brennen. Doch Vorsicht, Feuer ist gefährlich!

Z

die Zugbrücke

Über große Flüsse gibt es oft Zugbrücken. Wenn ein Schiff kommt, das höher ist als die Brücke, wird sie hochgezogen, damit das Schiff durchfahren kann. Ritterburgen hatten auch Zugbrücken, die man bei einem Angriff hochzog.

der Zwieback

Zwieback ist Brot aus Milch und Mehl, das zweimal gebacken wurde. Man kann ihn lange aufbewahren. Ganz lecker schmeckt er zu einem Apfel oder aufgeweicht in Milch.

Zwillinge

Wenn eine Frau zwei Kinder auf einmal bekommt, hat sie Zwillinge. Sie können gleich aussehen oder unterschiedlich. Ein Junge und ein Mädchen können auch Zwillinge sein.

Kreative Spiele mit deinem Lexikon

Das Stell-dir-vor-Spiel

Schließ deine Augen und stell dir vor, du bist auf einer kleinen Insel im Meer. Was siehst, hörst und riechst du dann? Schau mal im Lexikon nach. Wohin würdest du noch gern reisen? Vielleicht auf eine Burg? Zu den Dinosauriern? Ans Meer? In ein Indianerdorf? Oder auf ein Piratenschiff? Erzähl mal. Das wird eine richtige Fantasiereise!

Das Was-passt-zu-wem-Spiel

Hier stehen eine ganze Reihe Eigenschaftswörter: hell – dunkel – kalt – warm – rund – eckig – rot – gelb – grün – blau – schwer – leicht – groß – klein – jung – alt – traurig – lustig – lang – kurz. Schau mal im Lexikon nach, welches dieser Wörter zu welchem Begriff passt. Fällt dir auch das Gegenteil dazu ein? Wie: Der Abend ist dunkel, aber die Sonne scheint hell.

Ich seh etwas, was du nicht siehst

Schlag deine Lieblingsseite im Lexikon auf. Da wirst du neben den abgebildeten Begriffen auch noch viele andere Gegenstände sehen. Such dir einen aus, z. B. den roten Gürtel beim Begriff Abenteuer. Nun sagst du: Ich seh etwas, was du nicht siehst, und das ist rot. Deine Mitspieler sollen nun durch höchstens fünf Fragen den Gegenstand auf dieser Seite herausbekommen.

Das Lexikon-Reim-Spiel

Mit geschlossenen Augen schlägst du das Buch an irgendeiner Stelle auf und zeigst mit deinem Finger auf irgendeinen Begriff. Lass ihn dir vorlesen. Welches andere Wort hört sich ähnlich an? Wer findet zuerst darauf einen Reim? Vampir – Stier; Fisch – Tisch; Rose – Dose; Puppe – Suppe; See – Tee – Schnee. Vielleicht steht das Reimwort ja auch im Lexikon?

Lexikon-Geschichten

Schlag eine Seite im Lexikon auf. Auf jeder Doppelseite stehen mehrere Begriffe. Lass sie dir vorlesen. Alle diese Wörter sollen nun in einer Geschichte vorkommen. Das kann eine Zwergen-, Riesen-, Zauber- oder Unsinnsgeschichte sein. Was fällt dir zu dieser F-Geschichte ein: Fantasie – Farbe – Fasching – Feuerwehr – Flugzeug? Wechselt euch beim Erzählen ab.

Wir klatschen uns durchs Lexikon

Bei jeder Silbe wird geklatscht: A-bend, A-ben-teu-er, Ad-vents-kranz usw.
Das Silbenklatschen kannst du auch zu dem Lexikon-Reim-Spiel machen. Wie viele Wörter musst du klatschen, um einmal das Zimmer zu durchqueren? Jede geklatschte Silbe ist ein Schritt. Kannst du die Silben auch singen? Statt zu klatschen kannst du auch auf ein Tamburin schlagen.

Das Buchstaben-Tier-Alphabet

Fällt dir ein Tier ein, das mit dem Buchstaben A anfängt? Richtig: der Affe. Was weißt du über ihn? Kannst du einen malen? Schau doch mal im Lexikon nach, was du über ihn erfährst.
Und dann mach weiter. Wie heißt ein Tier mit B? Wenn du Mitspieler hast, kannst du ihnen das Tier mit B oder C usw. vorspielen. Die anderen müssen raten, was es ist.

Register

Text: Patricia Mennen
Illustrationen: Theora Krummel und Katrin Merle

5 4 3 2 1

Postfach 2460, D-88194 Ravensburg

Printed in Germany
ISBN 978-3-473-55533-8

www.ravensburger.de

MIX
Papier aus verantwortungsvollen Quellen
FSC® C111262